L'AMI

De la Charte constitutionnelle

AUX ÉLECTEURS

ET A TOUS LES FRANÇAIS.*

Vous voulez la Charte contitutionnelle : le roi la veut, la chambre des pairs, celle des députés, la magistrature, le clergé, les protestans, les juifs et toute la population de la France la veulent aussi.

Comment se fait-il qu'avec un accord si unanime de tous les Français elle soit aujourd'hui l'objet d'une perturbation générale ? D'où vient que chacun paraît révoquer en doute son maintien, et que chaque corps de l'état, chaque parti, ou pour mieux dire chaque individu croit voir en celui qui ne partage pas ses mêmes opinions politiques, l'intention de la renverser, ou du moins de la dénaturer en la changeant ou lui apportant des modifications qui ne sont pas de son essence ?

Il semble qu'un assentiment si unanime manifesté d'une manière si positive devrait non-seulement nous satisfaire, mais encore nous rassurer pour toujours sur la fixité et la

* Se vend chez Dentu, Palais-Royal. Prix : 1 fr. 25 c.

durée de cette même Charte que nous avons tous juré de maintenir dans sa parfaite intégrité.

Cependant on ne peut malheureusement se dissimuler qu'il existe une grande anxiété dont la Charte est l'objet et la cause; l'état d'agitation qui en résulte est devenu si flagrant qu'il importe essentiellement de le faire cesser. Il est devenu indispensable de faire renaître la confiance depuis si long-temps égarée par des craintes chimériques; si elles se prolongeaient davantage, elles pourraient mettre notre Charte contitutionnelle en péril.

Pour démontrer cette assertion il sera à propos de prouver :

1° Que notre Charte constitutionnelle émancipée, de Louis XVIII, peut seule faire le bonheur de la France et des Français;

2° Que rien ne justifie les craintes conçues sur son exécution pleine et entière;

3° Que ces craintes chimériques sont ce qu'il y a de plus à redouter pour le maintien de la Charte, qui ne pourrait jamais être renversée que par elles.

Première assertion. La Charte fait le bonheur de la France : la Charte, en faisant disparaître les divers gouvernemens des anciennes provinces de France, pour ne former qu'un seul faisceau de tous les départemens dont elle se compose aujourd'hui, a réuni tous ses intérêts et toutes ses forces en une seule masse capable de tout tenter, de tout entreprendre, de réussir à tout et de faire trembler tous ses voisins, fussent-ils réunis et assez téméraires pour oser troubler le cours de ses prospérités.

Il n'est pas permis de penser qu'il puisse exister des Français assez peu éclairés pour conserver le moindre doute sur l'espèce de gouvernement le plus convenable à notre heureuse patrie. Quelques individus, égarés par leur enthousiasme pour un faux système de liberté et d'égalité, ont pu méconnaître l'ascendant immuable des passions humaines chez une nation policée depuis une infinité de siècles, et, se livrant à une théorie qui flattait leur imagination, former le désir de faire de la France une république. Une cruelle expérience n'a pu tarder de les détromper, et je ne crois pas m'écarter de la vérité en disant que tous les Français veulent le gouvernement monarchique et héréditaire. Il peut bien encore se rencontrer quelques individus ombrageux qui, redoutant l'envahissement de la puissance sous un seul chef, voudraient réduire la durée de son autorité et la rendre temporaire comme elle était dans les anciennes républiques, comme elle l'est de nos jours dans les États-Unis de l'Amérique. Mais les inconvéniens de ces changemens de chefs, soit à vie ou pour un temps déterminé, sont aujourd'hui si fort redoutés, que le nombre de ceux qui désireraient cette restriction, comme heureuse pour la France, est si petit, qu'il ne peut être compté que pour rien. Restent ceux qui, pour satisfaire leur ambition personnelle, voudraient que le chef de l'état fût électif; tel me paraît être aujourd'hui cet homme qui, en attendant d'être pour nous un nouveau Washington, ne juge pas la terre de France assez pure pour avoir le moindre contact avec la poussière dont il est pétri, et ne veut être enterré que dans celle d'Amérique, ou quelque banquier enrichi de la sueur de ses concitoyens, qui voudrait essayer de devenir doge de la France, ou bien quelque misérable rhéteur qui voudrait s'ériger en nouveau Solon. Ce n'est pas pour deux ou trois chétifs individus de cette espèce qu'il faudrait faire une soustraction à la volonté de trente millions d'hommes. Non, tous les Français veulent un chef unique, non électif, héréditaire, et de cette noble race que la providence a désignée depuis huit siècles pour être à leur tête, pour présider à leur gouvernement, pour être le distributeur de la justice, le régulateur de leurs intérêts, le protecteur et le défenseur de leurs droits; ils le veulent, parce que l'expérience leur a démontré que la multiplicité des maîtres ou petits tyrans n'a enfanté pour le royaume que des guerres sanglantes, des pillages, des bouleversemens et des abominations de toute espèce.

Parce qu'ils savent que sous Henri IV, qui sut réunir en ses mains toute l'autorité, la France commença à goûter les douceurs de la paix, source de toutes les prospérités.

Parce que le cardinal de Richelieu sous Louis XIII, en faisant fléchir toutes les factions sous la puissance du roi dont il était le ministre, rendit la France forte au dedans et la fit respecter au dehors.

Parce que jamais elle ne fut tout à la fois plus formidable et plus illustre que sous le règne de ce roi, qui put se dire : La France c'est moi.

Enfin parce qu'elle aura long-temps a gémir de la triste épreuve qu'elle vient de faire, en ayant voulu de nouveau diviser sa puissance entre cinq cents souverains qui haranguaient et agissaient en son nom. Témérité cruelle qui ne lui a valu que des ruines, la famine et des échafauds.

Si plus tard elle a été forcée par le canon du 13 vendémaire, que dirigeait un jeune ambitieux, à réduire à cinq le nombre de ses maîtres, la bassesse de ces nouveaux tyrans, leur cupidité, leurs infâmes intrigues, la firent revenir avec empressement à un chef unique, à celui qui avait su conduire nos frères à la gloire. Mais son audace, qu'il ne pouvait soutenir que par la désolation des familles et par des torrens de sang, ne put suppléer à la légitimité de sa couronne, qui s'évapora comme lui.

Ces dernières leçons sont de trop fraîche date pour ne pas faire apprécier aux Français les avantages de la Charte;

et si tous la veulent, c'est qu'elle est essentiellement utile à tous. Elle n'est pas moins favorable au roi, et j'ajoute, sans crainte d'être contredit avec justesse, qu'elle est encore plus utile à lui qu'à aucun autre Français, puisqu'elle consolide invariablement sur sa tête et dans sa race la couronne qu'il tenait déjà de Dieu et de sa naissance, puisqu'elle lui est une garantie assurée contre les prétentions de la noblesse, les exigences du clergé et les besoins du trésor de l'état. Et qu'on ne dise pas que cette garantie est peu de chose en comparaison des priviléges que la Charte fait perdre au trône; plus je cherche à me rendre raison des prétendus sacrifices qu'elle lui impose, plus j'en découvre la nullité.

Avant la Charte, le roi faisait seul les lois, les ordonnances; mais de ce qu'il pouvait les faire tout seul, il ne s'ensuit pas qu'il pût aussi les faire exécuter tout seul; les formalités exigées pour leur promulgation, le refus d'enregistrement de la part des parlemens et des cours des comptes, en rendait l'exécution nulle; les enregistremens même obtenus de force ou par violence n'en rendaient pas l'exécution plus praticable, puisquelle était confiée au jugement des membres de ces mêmes cours souveraines.

Quant aux lois relatives aux finances de l'état, nous avons vu dans tous les temps les peines infinies que donnait à nos rois cette partie la plus difficile de leur administration. La plupart d'entre eux ne sont parvenus à faire face aux besoins du royaume qu'en s'attirant les plus grands désagrémens. D'autres ont eu leur mémoire flétrie pour avoir été réduits à user de violence pour faire arriver dans les caisses du trésor public l'argent indispensable pour son service. Et n'avons-nous pas vu de nos jours le plus infortuné de tous les monarques, et cependant le plus économe de tous, Louis XVI, qui comprenait le besoin de mettre de l'ordre dans cette partie essentielle de l'administration, devenir la victime de son zèle tout à la fois si noble et si pur, par l'obstination du parlement à refuser l'enregistrement de deux lois tellement justes et équitables, que l'une, celle de l'impôt territorial, forme la base de notre système fiscal? L'autre, celle du timbre, est également comprise dans le budget actuel, où elle n'a jamais donné lieu à aucune réclamation. Après cette dernière catastrophe si terrible et si récente, peut-on présumer que Charles X puisse ne pas être satisfait du nouvel ordre établi par la Charte?

En effet la Charte a introduit une telle régularité dans cette branche d'administration, qu'il peut aisément être pourvu à tous les besoins, et qu'aucune déprédation n'est possible. Le roi, de la position élevée où il est placé, peut connaître d'avance toutes les sommes que réclament la nécessité des temps et des circonstances; il n'a qu'à en présenter le tableau détaillé, pour que les chambres s'empressent de les apprécier, ainsi que les moyens qu'il indique pour y faire face. Toujours sûr de trouver dans ces deux soutiens de l'état un désir sincère comme le sien d'accroître le crédit, la fortune, la gloire et la prospérité de la France; il sait que rien ne manquera pour assurer le service des rentes, pour l'administration de la justice, pour la dotation du clergé et le culte de toutes les religions tolérées, pour l'enseignement, pour fournir aux progrès et au développement des sciences et des arts, pour les travaux publics, pour l'encouragement de l'agriculture et du commerce, pour l'armée et la marine, et pour faire respecter au dehors l'honneur du peuple français, autant que sa force est formidable au dedans.

Dira-t-on que la Charte l'empêche de puiser à son gré dans les caisses de l'état? mais il sera facile de répondre que j mais aucun roi de France n'a pu disposer pour sa dépense personnelle d'une somme pareille à celle qui lui est si généreusement allouée pendant toute la durée de son règne, pour soutenir noblement l'honneur et la splendeur du premier trône du monde.

Quant aux pensions, récompenses, gratifications et encouragemens, c'est à lui seul que la Charte attribue le droit de les réclamer, de les distribuer et de les décerner, et jamais les chambres ne seront en arrière pour des générosités de cette espèce ; elles le débarrassent au contraire des importunités auxquelles il était en butte.

Objectera-t-on que la Charte met des bornes à son autorité en ce qu'il ne peut plus lancer des lettres de cachet? Je dirai d'abord qu'il n'est aucune famille qui n'ait à gémir de n'avoir plus d'autre moyen de répression contre les mauvais sujets qui pourraient la déshonorer ou la faire rougir, que la voie d'une publicité bien souvent pire que le mal. Mais une nouvelle loi pourrait fort bien remédier à cet inconvénient.

Quant à la Bastille, renversée par le peuple qui n'eut jamais rien à en redouter (il n'était pas de taille à y entrer), mais dont les portes s'ouvraient pour renfermer les traîtres à l'état, et surtout les empoisonneurs de la morale publique et les diffamateurs, il ne peut qu'être très-charmé d'être dispensé de ce soin par les tribunaux. Et, soit dit en passant, ne doit-il pas paraître étrange d'entendre les mêmes voix qui ont tant et si long-temps déclamé contre l'existence de ce donjon, demander aujourd'hui qu'on le rétablisse?

Pour achever de prouver ma première assertion, il me suffira de cette dernière réflexion. Oui, le roi aime la charte, parce qu'elle est le fruit de la pensée du vertueux Louis XVI, l'œuvre du sage Louis XVIII, et qu'il a contribué de ses lumières au travail de ses frères. Il aime la Charte, parce que sous son régime l'admission sans distinction à tous les emplois, à toutes les places; les discussions publiques et la liberté de la presse qui découvrent au grand jour dans tout le royaume, tous les besoins et toutes les ressources, tous les esprits faibles et toutes les capacités, tous ses amis et ses ennemis, le mettent à même de tout employer, de tout éviter, de tout utiliser, de tout écarter. Il maintiendra la Charte, parce que, à son maintien se trouvent intimement liés son repos, son honneur, sa gloire, et la prospérité des Français, seul et unique but d'un roi de France, un Bourbon, un Charles X.

Deuxième assertion. Pour prouver que rien ne justifie les craintes conçues sur l'exécution pleine et entière de la Charte constitutionnelle il suffirait de démontrer qu'elle est littéralement et fidèlement observée par le roi qui est expressément chargé de son exécution, et par les chambres appelées à surveiller et à prêter leur assistance à son observance complète.

Je ne bornerai pas à une démonstration simple et précise ce que j'ai à dire pour rassurer les esprits en général. J'espère faire voir clairement aux plus craintifs, que leurs appréhensions sont sans fondement, et aux plus ombrageux que les fantômes dont ils s'effraient ne sont que dans leur imagination.

Je dis d'abord que la Charte est exécutée littéralement et fidèlement par le roi. Il n'est pas possible d'en donner une preuve tout à la fois plus claire, plus convaincante et plus irrécusable que celle qui procède de l'investigation et des recherches infinies qui ont été faites par les deux chambres composées de plus de huit cents individus, contre le ministère précédent qui avait géré le gouvernement pendant six ans.

Je commencerai par les élections qui sont la base de l'édifice.

Aux cris qui se firent entendre de toutes parts à l'occasion de la composition de la dernière chambre des députés, on a dû croire qu'effectivement l'ancien ministère avait abusé de ses pouvoirs en faisant admettre d'abord de faux électeurs, ensuite de faux députés.

Les détracteurs de ce ministère ont eu toute la latitude possible, et ils en ont usé largement pour justifier ce qu'ils avançaient. La chambre des députés a porté sur ces deux graves objets la plus sévère et la plus scrupuleuse attention. Il résulte des rapports faits à sa tribune et de sa mûre délibération, que s'il y a eu sur trois cent mille électeurs et plus, dont se compose la totalité des assemblées électorales, deux ou trois cents noms au plus, indûment inscrits sur les listes, il en existe plusieurs milliers qui, ayant droit d'y être inscrits, n'y ont pourtant pas été portés. Ce qui prouve évidemment que ces inscriptions erronées ne sont point le résultat d'une intention, mais seulement d'une négligence; car pour soutenir que ces inscriptions vicieuses ont été faites avec intention, il faudrait soutenir aussi que ceux qui auraient eu l'intention de commettre cette malversation n'auraient pas pu trouver parmi les nombreux milliers d'électeurs qui ont négligé de se faire inscrire, de quoi suppléer aux deux ou trois cents inscrits mal à propos : ce qui n'est pas soutenable, quant aux députés, l'argument des fausses élections est encore plus insoutenable. Et d'ailleurs la chambre elle-même, seul juge compètent, en retranchant de son sein les deux ou trois députés à l'élection desquels pouvaient avoir contribué les électeurs indûment inscrits, a donné tout à la fois la preuve la plus compléte de son extrême susceptibilité sur cette matière, et de l'impossibilité de faire entrer dans sa composition des membres qui n'auraient pas les qualités ou les droits nécessaires et indispensables pour en faire partie.

On ne taxera pas cette chambre de trop de bienveillance ou de partialité pour les membres de ce ministère, ni d'avoir négligé aucun des moyens possibles pour scruter sa gestion, ni d'avoir porté ses investigations dans les parties les plus secrètes et jusqu'au moins importantes de l'administration. Il lui serait facile de la justifier de ce dernier reproche, par la découverte qui fut faite d'une pièce de tapisserie qui avait été échangée avec le tapissier de la couronne, et par cette autre de l'arriéré du mémoire du maçon, qui avait agrandi la salle à manger, dépense qui a été laissée à la charge du ministre qui l'avait commandée sans autorisation, bien qu'il justifiât de l'économie de plusieurs centaines de mille francs sur les sommes qui avaient été allouées sur son budget, et que les fonds en fussent existans dans les caisses du ministère qu'il cédait à son successeur, décision qui par sa rigueur, donne la plus forte preuve du respect de la chambre pour les exigences de la Charte.

On n'accusera pas non plus cette même chambre d'avoir refusé d'accueillir la solennelle accusation portée contre plusieurs membres de ce même ministère par un député dont les cheveux blancs attestaient la maturité, et qui avait eu l'honneur de la présider. L'instruction de cette affaire a été poussée avec autant de soins et de persévérance que l'exigeait une circonstance si grave; et si pourtant la commission chargée plus particulièrement de recueillir tous les faits, tous les détails, et de les analyser, est venue déclarer à la tribune, par l'organe de son rapporteur, qu'il ne résultait de l'instruction de cette accusation aucune preuve de violation de la Charte, pas même la moindre atteinte portée contre elle, je suis certainement fondé à dire, et tous les bons esprits ne manqueront pas d'affirmer avec moi qu'il est évidemment prouvé que le roi et le ministère n'ont pas cessé d'exécuter littéralement la Charte pendant les six années de ce ministère, qui avait déjà pris naissance sous le règne précédent.

Le ministère qui le remplaça a trop bien observé l'ordre légal pour lequel et au nom duquel il avait été choisi, pour qu'on puisse concevoir le moindre doute sur la stricte observance de la Charte pendant la courte durée de sa gestion. Les commissions d'enquêtes qui furent formées pendant ce temps ne peuvent que prouver jusqu'à quel point il poussa sa circouspection, puisqu'il chercha à s'entourer de tant de lumières avant d'oser proposer aucune nouvelle mesure ou modification aux anciennes, qui furent reconnues les meilleures ou les moins mauvaises possibles.

Celui qui vient de lui succéder n'a encore rien fait ni rien pu faire depuis sa création. Donc la Charte n'a souffert aucune violation ni altération, pas même la moindre atteinte; donc elle est exécutée littéralement et fidèlement.

Dira-t-on qu'il a été fait des tentatives pour la violer ou l'altérer;

Qu'on a rendu une nouvelle loi contre le sacrilége, qui n'était pas écrite dans la Charte;

Qu'on a voulu rétablir le droit d'aînesse que la Charte ne reconnaît pas;

Qu'on a voulu porter atteinte à la propriété des capitalistes que la Charte a mis sous sa garantie;

Enfin, qu'on a voulu imposer des limites à la presse que la Charte laisse libre?

Quoiqu'il n'entre pas dans le but que je me suis proposé en faisant cet écrit, de vérifier l'exactitude et l'importance de ces assertions, je ne les laisserai pas sans réplique.

Je ferai remarquer, relativement à la loi du sacrilége émanée sous le ministère Villèle, que cette loi ne viole aucunement la Charte, puisque, conformément à l'esprit et aux termes de la Charte, cette loi a été présentée par le roi, solennellement discutée dans les deux chambres, approuvée séparément par chacune d'elles, sanctionnée par le roi, revêtue de la signature d'un ministre responsable, elle a subi toutes les exigences de la Charte constitutionelle.

Je dirai touchant le projet de loi du droit d'aînesse, que le roi, éclairé par ses ministres et l'avis du conseil d'état, a pu croire qu'il fût convenable que la faculté donnée par la loi actuelle aux pères et mères de disposer librement du quart de leur fortune fût étendue jusqu'au tiers. Que conformément à cette idée, il ait été présenté aux chambres, en son nom, une loi qui a pu paraître erronée à l'une d'elles, et en conséquence ne pas l'approuver, je ne vois là qu'un effet naturel de la faiblesse humaine. Le roi, ses ministres, le conseil d'état n'en étant pas plus exempts que les autres hommes, ont pu se tromper. Mais la Charte constitutionelle, qui réunit dans son essence les meilleurs moyens connus pour obvier aux erreurs et aux préventions, en exigeant pour la formation de la loi, l'approbation unanime de trois pouvoirs essentiellement distincts entre eux par le rang, les mœurs et les intérets, a fait évanouir ce projet de loi.

Que celui pour la création des rentes à trois pour cent, pareillement présenté par le roi, et de plus; approuvé par la Chambre des Députés, ait encore été erroné ou jugé tel par celle des pairs qui le rejeta, déterminée sans doute par une toute autre considération ou sous un point de vue différent; c'est encore là sans doute une nouvelle preuve d'un respect religieux pour la Charte; car il serait difficile d'expliquer autrement le refus d'une économie pour l'état de quatre-vingts millions de rente annuelle, puisque le ministre, sans faire aucun tort aux capitalistes, trouvait, à la faveur de l'amélioration de la fortune publique, le moyen d'emprunter à l'intérêt de trois pour cent un capital qui aurait été employé à opérer le remboursement de celui qui grevait l'état d'une rente annuelle de cinq pour cent, et les capitalistes auraient reçu leur capital sur le même pied auquel il avait été emprunté, c'est-à-dire cent francs de fonds pour chaque cinq francs de rente.

Il me reste encore à parler du projet de loi relatif à la restriction de la liberté de la presse. Dans cette question, comme dans celle du trois pour cent, la Chambre des Députés avait aussi approuvé le projet de loi présenté par le roi. Ces deux pouvoirs législatifs ont encore été obligés de fléchir devant le simple dissentiment de la Chambre des Pairs; mais il ne faut pas se le dissimuler, ce n'est pas qu'elle n'ait aussi senti le vice de la loi que le nouveau projet tendait à réformer. Elle a reconnu que cette loi ne pouvait vouloir que un, dix ou trente individus réunis d'intérêt pour la rédaction de journaux qui répandent dans la France et l'étranger la diffamation et la calomnie, se missent à couvert sous une espèce de plastron, et que par le sordide appât d'un modique intérêt, ils alléchassent un homme jusqu'à lui faire assumer sur sa tête la vindicte des lois, de telle sorte que le coupable esquivait la peine qui tombait sur l'innocent. Si ce projet de loi ainsi que celui du trois pour cent n'ont pas réuni l'assentiment de la Chambre haute, ce n'est pas qu'elle n'ait reconnu dans chacun les louables intentions du roi et de la chambre des Députés, elle s'est plue à en rendre un hommage éclatant par l'organe de ses rapporteurs; mais c'est pour prouver aux Français et à tout l'univers que la maturité seule peut amener de bons fruits. Les lois du trois pour cent et de la restriction ne lui avaient pas paru assez mûres. Elle a voulu donner cette nouvelle preuve de son dévouement sacré pour la Charte.

Cessez donc de mettre en avant de pareils motifs pour inspirer des craintes sur la Charte; elle ne fait que de naître; mais appuyée sur des pouvoirs animés d'un si noble zèle et pleins d'un si saint respect pour ce qu'elle commande, elle sera impérissable.

Après des faits si mémorables, il n'est plus permis de redouter que jamais le roi puisse faire admettre une loi violatrice de la Charte ou seulement susceptible de lui porter atteinte; mais des Français craintifs, ou peut-être mal intentionnés, viendront me dire qu'il peut avoir recours à des coups d'état. Commençons donc par définir un coup d'état. A mon avis ce ne peut être qu'un acte de violence par lequel le roi sortirait des formes voulues par la Charte constitutionelle de l'état. Or, après avoir démontré d'une manière si péremptoire et par des faits si évidens, que le roi aime véritablement et doit aimer la Charte, parce qu'il trouve en elle la sûreté de son trône, de sa puissance, son repos, sa satisfaction, sa gloire, et l'amour des Français, peut-on supposer qu'il veuille jamais et en aucun temps sacrifier tant de bien et tant de douceur à un caprice ?

Non, Français, réfléchissez, et toutes vos craintes se dissiperont. Soyez bien certains que si la Charte constitutionnelle pouvait redouter quelque atteinte, elle ne viendra jamais de la part du roi, qui a trop d'intérêt à la conserver intacte, mais bien plutôt de la part de ceux qui, pas assez satisfaits du sort heureux que la Charte leur fait, osent aspirer plus haut.

Et vous, Français ombrageux, qui prenez l'épouvante parce qu'il a plu au roi de se composer un ministère de son choix, ignorez-vous que c'est un droit que la Charte lui donne, qu'elle lui en fait un devoir? La Charte, en l'investissant de ce droit, reconnaît la nécessité où il est de s'entourer, pour gérer les affaires de l'état, d'hommes qui possèdent toute sa confiance; et dans le fait qui est-ce qui peut mieux la mériter que celui qui a été l'ami de son enfance, qui l'a suivi partout, qu'il n'a perdu de vue qu'alors que par le plus noble dévouement il se fut exposé pour lui à perdre la vie, que celui enfin dont il connaît les plus secrètes pensées? Il ne peut pas redouter de trouver dans le cœur de cet ami fidèle la dissimulation; il est comme lui-même un preux chevalier, modèle de franchise, de générosité et de courage. S'il a différé de donner son assentiment à la Charte, c'est que n'ayant pas coopéré à cet ouvrage comme son roi, le frère de Louis XVIII, il n'en connaissait encore que le mécanisme et le rouage; il a voulu le voir mettre en mouvement, le voir marcher; il est religieux, son roi l'est, et la Charte veut aussi la religion. Je vais plus avant, je suppose qu'il aime les jésuites; je vais plus loin encore, je supposerai que le roi les aime aussi. Mais qu'importe à la Charte et à nous Français que le roi et son premier ministre estiment et vénèrent tel ou tel autre individu mort ou vivant, saint Vincent de Paul ou ***? et lorsque la convention, d'odieuse mémoire, ne put s'empêcher, malgré sa fureur délirante, d'accorder à l'infortuné Louis XVI un prêtre de son choix, qui dans son saint zèle exhortait la victime à monter au ciel, vous voudriez que le roi de France constitutionnel, Charles X, ne pût aussi se choisir un aumônier?

Non, non, tous les ombrages qui obscurcissaient votre vue ont disparu, et si une nouvelle vapeur vient de nouveau effrayer vos yeux encore mal assurés en vous faisant apercevoir auprès de Charles X un homme connu pour être doué d'une forte énergie, rassurez-vous, regardez de près, et pénétrez-vous bien que la force de l'âme est et sera toujours le premier élément du succès, et que le succès du roi est dans le maintien de la Charte constitutionnelle octroyée aux Français par Louis XVIII.

Troisième et dernière assertion : Les craintes chimériques sont ce qu'il y a de plus à redouter pour le maintien de la Charte, qui ne pourrait jamais être renversée que par elles.

Pour démontrer la solidité de cette assertion, je dirai d'abord que la Charte, dès son berceau, vit s'élever des craintes sur sa durée, tant chez les têtes faibles que chez les esprits forts. Les uns craignaient le rétablissement des dîmes, des droits féodaux, des prérogatives et priviléges, et la restitution des biens d'église et d'émigrés; les autres se refusaient à croire à l'amnistie, à la possibilité de l'amalgame de l'ancienne avec la nouvelle noblesse, et redoutaient la présence des armées étrangères. Cependant rien ne justifiait ces alarmes; la Charte constitutionnelle, toute jeune qu'elle était, fortement constituée et vigoureusement maintenue par le roi, qui en était le créateur, et à l'aide du soin extrême qu'il prenait pour la faire exécuter, commençait à faire goûter aux Français son heureuse influence, lorsque, à la honte de quelques esprits pervers, tout à coup éclate un grand événement. Le roi de France ne se rebute pas; il s'agit de sauver la Charte : il fait un appel à tous les amis de la Charte pour conserver aux Français ce monument, ce gage de leur bonheur, l'œuvre de son génie, le fruit de ses longues et pénibles expériences. Tout est mis en mouvement : son frère est envoyé en face de l'homme qui a foulé aux pieds la Charte, et qui s'avance pour la renverser; son neveu va se placer sur ses derrières. Mais, ô fatal effet des craintes chimériques! déjà la France est ébranlée; le roi, fort de sa conscience et de son amour pour les Français, ne désespère pas encore; il tente un dernier effort, et vient avec son frère, son successeur immédiat, attester à la France entière que si la providence, qui dispose des chartes et des royaumes, après l'avoir réduit à fuir la tempête, le rappelle encore au milieu des Français; il ne viendra s'asseoir au milieu d'eux que la Charte à la main.

Vous les avez vus s'accomplir, les décrets de la providence. Elle a châtié le téméraire; et donné une grande leçon aux nations. Parisiens, rappelez-vous cette joie si vive et si pure que fit naître en vos cœurs le retour du roi désiré. Reportez vos regards sur vos boulevards, contemplez de nouveau ces transports d'allégresse inouïs dans les fastes de l'histoire, vos valeureux militaires, vos infatigables concitoyens sautant, dansant les armes sur le corps devant ce simple char, qui ramenait votre roi et ses successeurs appuyés sur la Charte constitutionnelle.

Hommes aveugles, vous craignez que ce même roi de France, son frère, son successeur, veuille aujourd'hui renverser cette Charte. Non, ce n'est pas des Bourbons qui ont payé de leur sang leur première pensée de cette Charte, non, ce n'est pas des Bourbons qui ont eu la douleur d'être suivis à l'échafaud de ces hommes vertueux qui furent les collaborateurs de la Charte; non, ce n'est pas de Charles X, de ce roi si français, si généreux, si noble, si jaloux du bonheur et de la gloire de sa nation, que vous devez redouter la moindre atteinte à la Charte constitutionnelle. Ouvrez les yeux enfin, portez vos regards autour de vous, et vous les connaîtrez, ces Français qui osent vous inspirer cette crainte! Que dis-je! le sang français ne coule même pas dans leurs veines! ils ont pris naissance loin de son sol! O fléaux de l'espèce humaine, terreurs paniques! jusques à quand exercerez-vous vos ravages sur notre patrie! N'avez-vous pas encore assez couvert le monde entier de ruines et de cadavres?

La Charte avait à peine repris son empire que l'on vit

encore s'élever de nouveau les mêmes craintes qui lui avaient déjà été si funestes; d'abord timides et obscures, elles n'osèrent se répandre que dans les campagnes, et c'est la disette occasionée par une mauvaise récolte qui leur servit d'aliment. Alors, des paysans s'agitent aux environs de Lyon, et font résonner le tocsin aux portes de cette ville industrieuse; peu après ces scènes se renouvellent non loin de là, et Grenoble, cité paisible, d'où une jeunesse studieuse contemple avec orgueil les Alpes, qui retentissent encore du bruit de nos victoires, voit flotter autour de ses murs l'étendard de la révolte. L'ordre est aussitôt rétabli. Les campagnes, les départemens ne sont plus agités. Les craintes s'affaiblissent. C'est dans la capitale qu'elles viennent de nouveau troubler les esprits: la mission, le bazar, les rallument; et l'assassinat du prince, l'espoir de la race de nos rois, les fait germer dans toutes les têtes. Plus tard encore c'est dans l'armée, dont on voulut en vain tenter la fidélité, que s'ourdissent les trames. L'Alsace, La Rochelle, Toulon, les virent échouer.

Pour ne pas m'écarter du plan que je me suis proposé, de n'appuyer mes raisonnemens que sur des choses et des faits unanimement reconnus, je me suis borné à indiquer les événemens que je viens de signaler.

Mais tous les Français ont unanimement reconnu les projets du général Berton. On l'a vu à découvert, marchant tête levée, à force ouverte, l'étendard tricolore d'une main, et ses proclamations dans l'autre; c'est bien la Charte qu'il attaquait de front; c'est bien son renversement qu'il voulait opérer, en cherchant à réunir sous les drapeaux de l'usurpateur ceux qui l'avaient naguère replacé sur un trône où il n'avait pu reparaître un instant que pour le faire arroser du sang des héros français, et le laisser affaissé sous le poids des charges. Les craintes suscitées par cette échauffourrée, promptement calmée par la vigueur du gouvernement, ne troublèrent pas long-temps les contrées où elle avait prit naissance.

Mais elles ont mis au grand jour cette vérité manifeste, que la Charte ne peut être attaquée ni éprouver la moindre atteinte que de la part des ennemis de l'ordre : eux seuls ont intérêt à l'altérer ou à la renverser.

Marchons donc sans crainte sous la bannière de celui qui nous a si bien conduits, malgré les contrariétés qu'il a rencontrées sur sa route. Le terrain qu'il nous reste à parcourir pour arriver à la fixité de la Charte est doux et solide, il ne peut ni s'enfoncer ni s'ébouler. Mais évitons de nous égarer dans les bois qui l'avoisinent, et de tomber dans les précipices qui n'en sont pas éloignés.

Le moment est venu de signaler l'origine des terreurs paniques, de montrer à découvert qu'elles sont la seule force, l'unique levier de la faction ennemie de l'ordre.

En effet, les mêmes menées ont successivement causé le renversement de toutes les constitutions, jusque de celles enfantées par la faction même qui, toujours imperturbable toujours dirigée par le même principe, soit qu'elle vocifère comme sous les jacobins, ou que devenue successivement avide de richesses sous le directoire, cauteleuse sous le consulat, adroite sous l'empire, hardie * sous la première restauration, injurieuse de nos jours, n'a pas d'autre marche pour arriver à son but. Déjà elle a son organisation plus complète qu'elle ne fut en aucun temps; elle a son chef, ses sous-chefs, ses adeptes. Déjà elle ose publier son dogme. A l'entendre, il ne faut plus aux nations, dans ce siècle de lumières, et surtout à la France comme modèle de la perfectibilité humaine, d'autre chef qu'un habile

* Retour de Napoléon.

régulateur de l'esprit des journaux, d'autres ministres que les journalistes de la capitale; les grandes places doivent être pour les prôneurs du journalisme; les préfectures, les grandes recettes pour les échos des départemens; et si le peuple souverain des 300 francs est appelé à nommer les conseillers de préfecture, les officiers municipaux, et jusqu'aux gardes champêtres, le choix pour ces nominations doit être prescrit et déterminé par la suprême puissance du régulateur de l'esprit des journaux.

Quel est le bon Français qui, à l'aspect d'une si effroyable perspective déjà malheureusement si rapprochée, pourrait ne pas être alarmé de l'abîme qu'a entr'ouvert sous nos pas cette fatale facilité à prêter l'oreille à des craintes qui, de chimériques qu'elles sont, pourraient prendre quelque consistance, si nous tardions davantage à les repousser?

Que notre amour pour la Charte nous fasse donc sortir de notre enfance; les spectres, les revenans disparaîtront. Imitons le jeune Thésée. Il se sentit assez fort pour soulever le bloc de pierre sous lequel son père avait caché ses armes, et courut exécuter ses travaux, en renversant ceux qui voulaient lui fermer sa glorieuse carrière. Nous avons été assez long-temps timides; osons ouvrir les yeux, et nous verrons disparaître cet amas informe de mensonges et d'absurdités, qui nous empêchent de goûter les douceurs de notre Charte constitutionnelle.

Eh! quelles sont en effet ces craintes? J'ai déjà dit qu'on ne redoute plus de voir revenir la dîme ni les droits féodaux. La répartition de l'indemnité pour les propriétés des émigrés a aussi tranquillisé tous les propriétaires de biens nationaux.

La faction, vaincue sur ce champ de bataille, s'est bien hâtée d'aller chercher d'autres armes dans ses arsenaux, et de reparaître à la lueur des bûchers de l'inquisition, des foudres du Vatican et des torches de la Saint-Barthélemi, en se faisant assister de cette masse qui ne vit que de désordre, et toujours avide de changement. Cette ressource a bien pu maintenir les frayeurs chez quelques êtres faibles et pusillanimes, mais elle n'a pu tromper cette jeunesse si fière d'appartenir à ce siècle, et de son aptitude à s'instruire. Les caresses des apôtres de la faction, l'exaltation qu'on a cherché à lui inspirer à la faveur de cette sève abondante, qui cherche à se faire jour, n'ont pu affaiblir les lumières de sa raison précoce, et il n'est pas dans son sein un seul individu assez simple pour craindre en France, sous le règne d'un Bourbon, le retour des auto-da-fé ni les massacres pour les opinions religieuses, ni pour redouter les prétentions des papes à ôter ou disposer de la couronne de nos rois.

Si quelques lecteurs bénévoles ajoutent facilement foi à tout ce qu'ils voient écrit dans les journaux, il n'en est aucun, quand il voudra prendre la peine de réfléchir un instant, qui ne juge qu'il n'y a pas la moindre vraisemblance de voir jamais revenir toutes ces vieilleries des temps passés.

Mais les jésuites ! A l'aspect de l'épouvantail moins suranné de ce corps, qui fut jadis si nombreux, si savant, si formidable, souverain lui-même dans plusieurs contrées du globe, dirigeant la conscience des plus grands monarques du monde et de la généralité des Français, de ces habiles instructeurs de la jeunesse de l'Europe et de l'Amérique, je conviens qu'il a pu se réveiller des souvenirs imposans, qu'on a pu concevoir de vives alarmes; mais si on n'a aperçu dans tout le royaume que quelques pauvres disciples de saint Ignace obligés de cacher leur nom, sans asile, sans autres ressources que celles de leur travail ou de la charité, je ne peux croire que dans ce siècle si éclairé, déjà si éloigné et si différent de celui qui vit le commencement de ce corps, ces alarmes aient pu se soutenir à la vue d'un si petit nombre d'êtres qui n'ont pu inspirer qu'un sentiment de pitié. Le regard d'un abbé les a fait disparaître : il a suffi d'un souffle.

Ils n'ont donc pu que servir de prétexte à la faction; mais c'est trop s'appesantir sur des craintes chimériques; venons-en à d'autres non moins fausses, mais ayant plus d'apparence de réalité.

L'agriculture et le commerce exercent une trop grande influence sur le bonheur et la destinée des nations, pour que la faction n'ait pas cherché à exploiter aussi à son profit un terrain qui ouvrait un champ si vaste à ces combinaisons. Elle n'a pu s'apitoyer que faiblement sur l'agriculture. Les résultats avantageux qu'elle a obtenus jusqu'à ce jour à la faveur des canaux, des ponts et des routes nouvellement construits, sans compter tous les ouvrages nouveaux de ce genre qui ont été retenus dans la pensée du roi par les nouvelles entraves de la faction, auraient montré trop clairement la vigilance et les soins du gouvernement pour cette mère nourrice des peuples.

C'est sur le commerce principalement qu'elle a dirigé ses batteries et qu'elle a porté ses coups, bien plus faciles à être dissimulés dans cette carrière, qui ouvre un vaste champ à toutes les spéculations. Elle a commencé par critiquer et blâmer tous les principes et tous les actes du gouvernement; elle s'est appliquée ensuite à dénaturer toutes les questions, en ne les présentant que sous le point de vue exceptionnel, à fausser tous les faits, à les nier ou à ne présenter que le revers de la chose. Par cette pratique insidieuse et constamment suivie, elle a atteint son but; elle s'est fait une masse immense de prosélytes chez une classe d'hommes trop occupés pour approfondir les questions, pour vérifier les faits.

C'est ainsi que, pour attirer dans ses rangs les fabricans et marchands de draps, elle flattait leur cupidité en critiquant les droits sur l'introduction des laines étrangères, se gardant bien de dire que cette mesure était indispensable pour encourager en France la multiplication des moutons; et que si on la supprimait, les propriétaires de troupeaux et l'agriculture en général éprouveraient un dommage énorme; mais les draps auraient été moins chers. Et la multitude criait bravo.

Pour gagner, au contraire, les propriétaires de forges, les fabricans de sucre de betterave et les manipulateurs de coton, elle soutenait qu'il fallait mettre de forts droits à l'entrée des sucres et même du coton, à l'effet de soutenir le haut prix de ces articles. Passant sous silence cette considération si importante, que le coton ne se cultive pas en France, et que la suppression des droits dont il était grevé sous le régime de Napoléon a fait élever dans toute la France une multiplicité infinie de fabriques et d'usines qui font vivre une grande partie de notre population.

Pour grossir son cortége, elle a blâmé les droits dont sont frappés les toiles et les draps de la Belgique à leur introduction en France : mesure nécessaire et indispensable pour encourager et améliorer la culture de nos lins, la filature de nos laines, et donner du travail à nos tisserands, mais qui a malheureusement engagé le souverain de ces contrées à user à son tour de réciprocité pour l'entrée en ses états des produits de quelques-unes de nos fabriques et manufactures.

C'est enfin pour arriver au même but, et parce que le vin était trop bon marché, qu'elle excitait les vignerons contre le gouvernement, voulant exiger de lui qu'il force tous les peuples de la terre à ne boire que du vin, et du vin de France.

Ce n'était pas encore assez pour la faction que de circonvenir chaque branche de commerce individuellement;

c'était la masse entière des commerçans qu'il fallait gagner ; il suffisait de quatre mots : tous les échos se mirent à les répéter : Il n'y a pas *assez de débouchés* ; c'est le gouvernement qui paralyse tout : il tient tous les ports fermés. Et c'est au moment où le gouvernement luttait avec succès contre la secousse extraordinaire occasiónée par l'excessive protubérance de nos voisins, qui ont failli succomber sous le poids de leurs entreprises téméraires, qu'on a osé faire valoir une considération si peu fondée. Pour en juger le peu de mérite réel, suivons la faction dans un élément nouveau pour elle, car depuis la révolution notre commerce maritime, si brillant auparavant, avait été successivement réduit à un tel point de détresse, qu'il ne pouvait plus sortir une barque de nos ports, tandis que nos soldats allaient se promener en paix jusqu'aux bords de la Vistule. Dans ce temps il n'y avait plus d'autre armateur en France que le ministre du commerce, commandité par Napoléon. Grâces au pavillon blanc, voguons maintenant avec elle sur l'immense Océan ; son vaisseau a toutes les voiles au vent ; il parcourt toutes les mers, il sonde toutes les positions ; il explore toutes les îles, tous les continens ; il est accueilli partout ; on considère avec plaisir sa cargaison, elle plaît, on sait l'apprécier, et l'on voudrait l'acheter, non pas précisément par besoin, seulement pour engager les nouveaux venus à revenir ; mais on n'a point d'argent, on demande crédit ; il est impossible d'en accorder, parce qu'en France les banquiers ne prêtent que sur dépôt des marchandises ou sur de bonnes lettres de change représentant ces menues marchandises. Que faire en cette extrémité ? retourner la cargaison ? Que de frais, que d'avaries à supporter ! Prendre du sucre en échange ? Quelle perte à éprouver par la concurrence du sucre de betterave ! Il faut bien s'y résigner ; mais aussi on jure de ne plus tenter un pareil débouché. Et cependant à peine est-on rentré, que le lendemain on fait chorus en criant comme les autres qu'*il n'y a pas de débouchés,* sans faire attention que par cette criaillerie, jointe à tant d'autres, on empêche le gouvernement le plus sage et le mieux intentionné, celui du roi et des deux Chambres, de suivre leurs vues toutes bienfaisantes pour faire diminuer l'intérêt de l'argent, pour élargir la voie trop resserrée du crédit, et pour nous mettre à même d'augmenter et d'améliorer nos produits; seuls moyens de procurer de faciles et utiles débouchés à une industrie qui n'attend que ce moment pour devenir la première du monde.

Pour mener de front les attaques de la faction contre le gouvernement, suivons-la aussi dans les finances. C'est un levier puissant qu'elle n'a pas manqué de faire agir. D'abord, en gémissant sur les charges qui pesaient sur les contribuables, et sur les déprédations du trésor public, que de belles phrases n'a-t-elle pas fait sur ces deux chapitres, où il est si facile de se faire écouter! Dilapidations, dépenses folles, prodigalités; que d'électeurs on attire à soi à l'aide de ces grands mots, et que ne doit-on pas espérer quand on promet de gouverner au *maximum* de tous les meilleurs marchés possibles!

Mais si, au lieu de mots, nous comptons la plume à la main, il faudra d'abord qu'elle nous dise si le retour de Napoléon n'a pas coûté à la France deux milliards.

Si le roi a dit aux cortès : Vous ferez une constitution qui vous investira de l'autorité suprême, dont elle ne laissera que l'ombre à mon cousin votre roi, et vous le forcerez à consentir à l'avilissement de la couronne qu'il tient de notre aïeul; s'il a dicté à Mina les insolentes menaces que ce général faisait à la tête de ses satellites de venir le forcer aussi d'accepter lui-même cette constitution des cortès qui leur avait été envoyée toute minutée de Paris par quelque idéologue; s'il a envoyé ces misérables transfuges qui, sur les bords de la Bidassoa, osèrent faire flotter le drapeau tricolore à côté de celui des bandes de Mina, il serait juste de mettre sur son compte la dépense de la guerre d'Espagne. Mais comme il est manifeste que le roi n'a nullement contribué à cette constitution, ni à ses copies, parties également de Paris pour Naples et pour Turin, même à celle fabriquée je ne sais où pour Lisbonne, il faut, pour être équitable, passer au compte des fabricateurs de constitutions modernes les 80 millions qu'a coûté la guerre d'Espagne, et les ajouter aux deux milliards du retour de l'île d'Elbe.

Il serait bien d'y ajouter encore les dépenses occasionées à l'administration pour affiches, placards d'in-folios et mille autres exigences de ce genre, qu'il serait trop long d'énumérer. Je me hâte d'arriver aux belles promesses du gouvernement du bon marché annoncé avec tant de solennité. Jugeons-en comme cela se pratique dans le commerce, d'après l'échantillon. Les biens du clergé, des hôpitaux et des émigrés ont été dévorés; les richesses du commerce ont été absorbées par le maximum; les capitalistes ont éprouvé la réduction des deux tiers de leur capital; les réquisitions ont atteint tous les particuliers, depuis les boucles de souliers jusqu'aux chevaux de l'agriculture, les voitures, les paillasses, le linge; plus tard les emprunts forcés, puis le pillage de la riche Italie, la rapine du trésor des Suisses, de celui de la banque d'Hambourg et autres.

Ces moyens de gouvernement sont, il faut l'avouer, fort économiques, et je croirais volontiers qu'on espère les mettre de nouveau en pratique; car autrement sur quelle amélioration peut-on compter en retirant l'administration de l'état des mains du petit nombre d'hommes qui restent encore préférant l'honneur à l'argent, pour la mettre entre celles des commerçans qui (soit dit en passant) n'ont jamais fait grand cas d'un sentiment si chevaleresque ?

On pourrait bien aussi faire une économie dans le domaine des arts, en détruisant nos monumens pour en vendre les matériaux, ne fût-ce que ceux des portes Saint-Denis et Saint-Martin, qui ne sont restés debout qu'à la faveur des échafauds dont on les avait entourés pour annoncer leur prochaine démolition.

On compte sur l'industrie en la tentant par un brevet de perfectionnement pour la fabrication du salpêtre et des piques sur nos places publiques, dont elle n'a eu encore que le brevet d'invention.

L'agriculture promettrait encore des produits économiques, en remplissant de nouveau nos parcs et nos jardins de pommes de terre, comme le furent naguère le Luxembourg et les Tuileries.

Mais malgré tous ces avantages apparens, et surtout s'il fallait relever les échafauds, agrandir les prisons et faire marcher de force, au cri de la liberté, plusieurs millions de jeunes gens muscadins ou sans-culottes pour obtenir ces grandes économies, je crois que bien des gens, les regardant comme très-problématiques, penseraient comme moi qu'il n'est et ne peut y avoir de bon système économique pour la France que celui que peuvent procurer une longue paix, le bon ordre et la conservation intacte de notre Charte constitutionnelle.

Après avoir démontré si clairement toutes mes assertions, Électeurs ! le moment est venu de montrer votre attachement à la Charte, à ce fondement de vos plus chers intérêts, à Charles X, votre roi, que vous avez vu empressé à soulager vos misères en se hâtant de presser le départ des alliés ; prêtant l'oreille à vos plaintes en leur faisant droit quand elles étaient justes ; écoutant vos réclamations qu'il a satisfaites en supprimant la censure ; il a allégé vos charges en diminuant les impôts ; il a secondé vos désirs en améliorant les routes ; il a achevé les canaux interrompus ; il en a creusé de nouveaux ; vos campagnes, vos cités, vos villes, attestent à la fois sa sollicitude paternelle pour tous les lieux, et pour l'aisance de nous tous. Vos monumens détruits ont été relevés par sa main réparatrice ; ceux qui existaient ont été enrichis par sa munificence ; les arts, les sciences, ont été poussés, par ses encouragemens et ses récompenses, à une perfection qui force l'admiration de l'Europe ; l'enseignement a été porté dans toutes ses parties à un tel degré de supériorité, que de toute l'Europe, de l'Amérique, de l'Afrique et du fond de la Chine, on vient s'instruire à nos écoles ; l'agriculture, le commerce, acquièrent chaque jour plus de connaissances pratiques et plus d'importance ; toutes les mers sont ouvertes à nos spéculations ; l'armée ne fut jamais si brillante, si bien nourrie, ni si bien payée ; la marine, non moins bien tenue, a déjà fait voir que son pavillon ne brille pas d'un moindre éclat que celui qu'ont fait jaillir nos drapeaux ; notre diplomatie nous a fait reprendre notre rang parmi les trois premières puissances du globe.

A tant de motifs de gloire et de prospérité, qui pourrait ne pas reconnaître l'influence de cette Charte, l'œuvre des Bourbons, et le vif désir qui les anime d'en recueillir des fruits si doux à leurs cœurs ?

Quel est le Français qui pourra se plaindre avec justice de ce que le roi, jaloux de soutenir cet état si heureux, si glorieux, prend les mesures convenables pour le maintenir, pour le rendre de plus en plus prospère ?

Implacables ennemis de l'ordre, le roi reste à sa place, restez à la vôtre ; cessez de vouloir troubler Charles X dans l'exécution littérale de la Charte : les dégoûts que vous voulez lui inspirer ne le rebuteront pas, les obstacles que vous vous efforcez de faire naître ne l'arrêteront pas.

Ennemis de la tranquillité publique, cessez de l'altérer, il ne sera plus besoin de gendarmes; ennemis de la religion, cette souveraine protectrice, cessez de la poursuivre de vos outrages, de vos blasphèmes, il ne sera pas nécessaire de faire des lois contre le sacrilége; vils détracteurs de la morale publique, diffamateurs de la vie privée, cessez vos affreuses maximes, vos calomnies, il ne sera plus présenté de loi pour réprimer vos plumes empoisonnées; propagateurs de l'esprit révolutionnaire, prodigues du sang des peuples, ennemis des rois, destructeurs des empires, fermez vos clubs, cessez vos sourdes menées, et bientôt il ne sera plus besoin d'armées.

Chaque souverain, tranquillement assis sur son trône, se hâtera d'alléger son peuple d'un si fort sujet de dépenses.

Il est écrit dans toutes les Chartes, principe aussi ancien que la propriété même, de se tenir en mesure pour ne pas se la laisser enlever.

Eh quoi ! vous tous que je viens de désigner, vous voudriez :

Qu'alors que vous troublez l'ordre public, le roi, chargé d'y veiller essentiellement, envoyât pour la rétablir *vos compagnons de désordres ;*

Qu'alors que vous attaquez la religion, le roi, chargé de la maintenir, choisît pour la défendre un *athée ;*

Qu'alors que par vos écrits vous insultez à la morale publique, et vous calomniez publiquement les morts et les vivans, le roi vous fît absoudre par *vos amis ;*

Qu'alors que vos menaces et vos diatribes continuelles contre les souverains de l'Europe sont à la veille de ramener en France leurs forces réunies pour venir vous châtier dans Paris, ou peut-être.... le roi, chargé de maintenir la paix et la bonne harmonie avec tous les souverains, les aigrît et les exaspérât davantage en confiant les forces de la France aux *fanfarons des révolutions ?*

Non ! non ! son honneur, son devoir et son cœur, lui prescrivent la marche qu'il doit suivre, il vous a dit qu'il la connaissait ; c'en est assez, il la suivra. Et vous aussi, Electeurs, vous êtes à même de connaître votre position ; les faits parlent et publient assez haut la vérité. Votre intérêt, votre honneur, vous font un devoir d'apprécier les hommes, ils ont assez fait pour se faire connaître ; la sagesse a dit : Quiconque semera le vent recueillira la tempête.

Demandez à ceux qui prétendent interpréter la Charte s'ils la connaissent mieux que celui qui l'a créée et mise au monde, Louis XVIII, ou son frère Charles X, avec qui il l'a travaillée et qui devait la faire exécuter après lui.

Demandez à ces harangueurs si le régime de la Charte satisfait à leur intérêt personnel, à leur ambition ; s'il leur suffit d'avoir acquis par la Charte le droit commun à tous les Français d'écrire des phrases ou de débiter des paroles.

Et voyez si dans l'observance de la Charte le roi de France, Charles X, ne trouve pas tout ce qu'il peut désirer, tout ce qui peut faire briller les nobles sentimens de son cœur.

Demandez à ces hommes qui osent vous parler de l'auguste cérémonie du sacre, si c'est à leur serment d'observer la Charte constitutionnelle que vous devez ajouter foi ; qu'ils vous disent s'ils n'ont pas été parjures à tous les sermens qu'ils ont prêtés à toutes les constitutions, voire même à celles de leur fabrique ; qu'ils vous disent s'ils ne sont pas encore liés par l'infâme serment du champ-de-mai, où ils ont pris le ciel à témoin en jurant fidélité inviolable à une constitution qui déclarait la Charte de Louis XVIII (celle qu'ils feignent d'embrasser aujourd'hui) incompatible avec le bonheur et la gloire des Français, et que la race des Bourbons était funeste à la France.

Demandez-leur s'ils l'ont rétracté cet infâme serment; demandez leur enfin s'ils croient, eux, que Charles X, le preux des preux, violera jamais sa parole royale et sacrée.

C'en est assez, Electeurs; trop de lumières jaillissent de toutes parts pour que vous ne soyez pas parfaitement éclairés, et trop de souvenirs se présentent à votre mémoire pour qu'il soit nécessaire de vous dérouler les maux que de mauvais choix feraient naître.

Dans les sciences exactes, par le connu on parvient à découvrir l'inconnu.

La sagesse vous dit de juger les hommes par leurs œuvres;

Ces deux guides ne sauraient vous tromper.

En un mot, si vous voulez maintenir notre Charte constitutionnelle, nommez pour députés de vrais amis de cette même Charte; le nombre en est immense; vous n'aurez que l'embarras du choix; et si mes avis peuvent vous aider, je vous dirai :

La vertu ne cherche pas à briller :
Écartez le faux clinquant.
Le talent est modeste;
Écartez le présomptueux.
Le sage est sobre de paroles :
Écartez les harangueurs.

S. E.

PARIS. — IMPRIMERIE DE COSSON,
Rue Saint-Germain-des-Prés, n° 9.

www.ingramcontent.com/pod-product-compliance
Ingram Content Group UK Ltd.
Pitfield, Milton Keynes, MK11 3LW, UK
UKHW021031260726
13994UKWH00005B/2090